MW01635900

E S P A C I O S
E N A R Q U I T E C T U R A

ARQUITECTOS MEXICANOS

Oficinas • Restaurantes • Espacios Comerciales

ESPACIOS

EN ARQUITECTURA

EDICION

Fernando de Haro

Omar Fuentes

EDICION Y COORDINACION GENERAL
Fernando de Haro
Omar Fuentes

PRODUCCION EDITORIAL

COORDINACION EDITORIAL
Mónica Escalante

DISEÑO Y CUIDADO DE EDICION
Arqco. S.A. de C.V.

TRADUCCION DEL ORIGINAL EN ESPAÑOL
Willy de Winter

CORRECION DE ESTILO
Abraham Orozco

E-mail: armexed@dfi.telmex.net.mx

ISBN968-5150-01-X

Impresión. Reproducciones Fotomecanicas S.A. de C.V.
Encuadernación. Encuadernadora Mexicana S.A. de C.V.

CONTENIDO / CONTENTS

PRESENTACION / PRESENTATION

En los últimos años, la arquitectura mexicana, en el género comercial, ha logrado consolidar un sitio importante entre las de más alta jerarquía en todo el mundo, por la calidad de su diseño, el respeto por el entorno, la nobleza de sus materiales, el buen gusto en su realización y sobre todo por la búsqueda, dentro de la diversidad, de un estilo propio, de vanguardia, siempre contemporáneo, que no por serlo abandone sus hondas raíces nacionalistas.

Es un hecho que, históricamente, las ciudades mexicanas han visto pasar una infinidad de tendencias y formas de expresión, muchas de ellas efímeras, otras con cierto grado de permanencia, quizá debido a su calidad, o a que supieron integrarse al entorno cultural de cada región o, finalmente, a que fueron capaces de crear las condiciones óptimas de convivencia entre el hombre y la obra arquitectónica.

El propósito esencial de «Espacios en Arquitectura», tercer título de la serie Arquitectos Mexicanos, es el de que cada vez más gente conozca y evalúe la arquitectura comercial de nuestros días. Para ello hemos reunido una muestra de diversos espacios arquitectónicos, diferentes tendencias y orígenes, el ímpetu juvenil al lado del señorío y la sabiduría de la experiencia. Quince firmas de arquitectos que con su valiosa colaboración respaldan este esfuerzo editorial.

En todo caso, y ese es el denominador común, la funcionalidad, pero también el diseño, la forma, las texturas, el color, la iluminación, los espacios convenientemente resueltos e integrados a un conjunto de alto valor estético, se convierten, como posiblemente nunca lo hicieron, en elementos tan importantes como los servicios o productos que en ese marco se ofrecen.

En el aspecto editorial, nos hemos esforzado por alcanzar un elevado rango de calidad, poniendo en práctica un cuidadoso diseño y el uso de las más avanzadas técnicas. Esperamos que este libro cumpla con el propósito para el que fue creado.

CYBEX
STRENGTH SYSTEMS

DOCKERS
L.S.&CO.
DOCKERS
IVONNE
DOCKERS
DOCKERS®
stonewashed
DOCKERS
RELAXED

Over the last few years, Mexican architecture, in the commercial genre, has been able to consolidate an important place among the best in the world, due to the quality of its design, respect of the environment, the nobility of its materials, good taste in its realization and above all due to the search, among diversity, for a unique, avant-guardist style, always contemporary, which despite this doesn't abandon its deep nationalist roots.

It is a fact that, historically, Mexican cities have seen an infinite number of trends and forms of expression come and go, many of them just passing phases, other with a certain degree of permanence, maybe due to their quality, or to the fact that they knew how to enter the cultural environment of each region or, finally because they were capable of creating the optimum conditions for living between man and architecture.

The essential purpose of <<Spaces in Architecture>>, third title in the series Mexican Architects, is for more and more people to discover and assess today's commercial architecture. For this we have brought together a sample of different architectural spaces, different trends and origins, juvenile impetus next to the class and wisdom of experience. Fifteen firms of Mexican architects who with their invaluable contributions support this editorial effort.

In any case, and that is the common denominator, the functionality, but also the design, the form, the textures, color, lighting, spaces which are conveniently resolved and integrated into a whole with a high aesthetic value, become, as possibly never before, elements as important as the services or products offered within them.

In the editorial aspect, we have made a great effort to reach a high degree of quality, putting into practice a careful design and the use of the most advanced techniques. We hope that this book fulfills the purpose for which it was created.

Fernando de Haro Lebrija
Omar Fuentes Elizondo

EL CRECIMIENTO DE UN PAIS...
HECHO LIBRO
Golf Digest

INTRODUCCION / INTRODUCTION

Ultimamente la arquitectura ha vuelto a ser tema de interés público. Es muy frecuente que en algunas reuniones, al arquitecto presente se le pida su opinión respecto de las últimas oficinas, los comercios, los restaurantes, los bares, etc. Es entonces cuando se entiende que la difusión de las obras recientes es muy importante.

La arquitectura, con sus espacios y formas, sus interiores y exteriores, es un reflejo del momento en que se realiza y de la cultura que la genera. Esa es la razón de que la velocidad de cambio, la innovación, lo inteligente, sean los adjetivos de los espacios contemporáneos.

Hoy en día las oficinas requieren espacios de gran flexibilidad, que admitan tecnologías de punta, por eso exigen el uso de materiales y técnicas de construcción no convencionales, siempre en busca de una personalidad. El «yo» de un cliente no es igual al «tú» del otro cliente, por lo que también hay que incorporar el concepto de lo diferente.

Si se trata de interiores, la cercanía del público exige que, cada vez más, las cualidades de lo que se vende tengan su equivalente en el espacio y en la forma de exhibirlo. La novedad y su impacto, lo efímero, el nuevo material, lo más reciente en la iluminación, la certeza de saber a quién va dirigido, reflejan en el espacio arquitectónico lo que el cliente quiere, añora, busca y a veces obtiene.

En cada lugar es importante el espacio que lo alberga. Lo más significativo para la imagen de un sitio, es su halo. La vivencia de lo que se recuerda y disfruta no es igual a la luz del día que por la noche, en un espacio cerrado que en uno abierto, la mayor o menor altura, los colores claros u obscuros.

En las páginas de este libro, usted encontrará espacios y formas que representan a una parte de nuestra sociedad, en una época que se caracteriza por la pluralidad de expresiones y que se resume en el refrán popular: «En gustos se rompen géneros».

Architecture has recently acquired public interest again. It is quite frequent that at certain gatherings an architect will ask for opinions about recent offices, business establishments, restaurants, bars, etc.; we then realize that the dissemination of recent works is very important.

With its spaces and forms, interiors and exteriors, architecture is a reflection of the moment when it is developed and of the culture that it generates. This is why fast changes, innovation, what is intelligent, are adjectives of contemporary spaces.

Offices now require greater flexibility in spaces that permit state of the art technologies, the reason for demanding unconventional materials and building techniques, always in search of a personality. One client's personality is not the same as that of another client, and therefore the concept of what is different must also be included.

If we refer to interiors, a proximity to the public constantly demands that quality in what is sold have its equivalent in the space and manner of being exhibited. Novelty and its impact, the ephemeral, new materials, the latest in lighting. The certainty of knowing who it is focused on, reflect in an architectural space what the client wants, is yearning and searching for, and sometimes obtains.

In each location, the space that lodges it is important. The most significant element for the image of a site is its halo. The experience of what is remembered and enjoyed is not the same as light during the day and at night, in a closed space as in an open space, a greater or lesser height, light or dark colors.

This book will show you spaces and forms that represent part of our society in an era featured for a plurality of expressions, which can be summarized in a popular adage : "There are no rules for tastes"

FRANCISCO SERRANO

Tan
personal.

Audi Center
Ventas
Refacciones
Centro de Servicio
Audi

Páginas/*Pages* 2y3: **Edificio Corporativo Opción.** Proyecto Arquitectónico *Architectural Design*: Arq. Mario Armella y Arq. Armando Hubard. Fotografía *Photography*: Alberto Moreno Guzmán.

Página/*Page* 4: **Oficinas Abax.** Proyecto Arquitectónico *Architectural Design*: De Haro & Arquitectos, Asociados. Fotografía *Photography*: Lourdes Legorreta.

Página/*Page* 7: **Club de Playa Arcano.** Proyecto Arquitectónico *Architectural Design*: De Haro & Arquitectos, Asociados. Fotografía *Photography*: Michael Calderwood.

Páginas/*Pages* 8y9: **Corporativo Peñoles México.** Arquitectura de Interiores *Interior Design*: Idea Asociados de México. Fotografía *Photography*: Sandra Pereznieto.

Página/*Page* 10: **Oficinas Grupo BCG,** México D.F. Proyecto Arquitectónico *Architectural Design*: Francisco Guzmán Giraud, Alejandro Bernardi, Colaboración *Collaboration*: Beatriz Peschard. Fotografía *Photography*: Sandra Pereznieto.

Páginas/*Pages* 12y13: **Business Center Fiesta Americana Guadalajara.** Proyecto Arquitectónico *Architectural Design*: De Haro & Arquitectos, Asociados.

Página/*Page* 15: **Fitness Center Fiesta Americana Reforma.** Proyecto Arquitectónico *Architectural Design*: De Haro & Arquitectos, Asociados. Fotografía *Photography*: Sandra Pereznieto.

Página/*Page* 16: **Dockers®.** Proyecto Arquitectónico *Architectural Design*: Forma Arquitectos. Fotografía *Photography*: Jordi Farre.

Páginas/*Pages* 18y19: **Café, Café, Mundo E.** Proyecto Arquitectónico *Architectural Design*: Grupo Arquitech. Fotografía *Photography*: Luis Gordoa.

Páginas/*Pages* 22y23: **Audi México.** Proyecto Arquitectónico *Architectural Design*: Arq. Emilio Ocejo. Fotografía *Photography*: Sandra Pereznieto.

A L C O

Boehringer Ingelheim Promeco

Boehringer Ingelheim Promeco, Xaltocan, Xochimilco, México, D.F. Proyecto Arquitectónico *Architectural Design*: Arq. Guillermo Almazán, Gerardo Varela, Juan Antonio Encinas. Fotografía *Photography*: Paul Czitrom / Mario Mutschlechner.

Izquierda:	Planta de producción de formas sólidas con almacén automatizado.
Left:	*Solid form production plant with automated warehouse.*
Abajo:	Sala de Consejo del Edificio Pharma.
Below:	*Pharma Building Board Room.*

Izquierda:	Fachada norte del Edificio Pharma.
Left:	*North face of the Pharma Building.*
Arriba:	Vista del lobby del Edificio Pharma.
Above:	*View of the Pharma Building lobby.*
Abajo:	Salones de usos múltiples del Edificio Pharma.
Below:	*Multi-purpose room in the Pharma Building.*
Páginas siguientes:	Panorámica nocturna del Edificio Pharma.
Next Pages:	*Nighttime view of the Pharma Building.*

Izquierda: Fachada sur del Edificio Pharma.

Left: Southern face of the Pharma Building.

Esta página: Vistas interiores del área de recepción central del almacén automatizado.

This page: Interior views of the central reception area of the automated warehouse.

Página anterior: Acceso a planta de producción,con edificio de Ingeniería a un costado.

Previous page: Access to production plant, with Engineering Building to one side.

Arriba: Vista interna de la planta de producción de formas sólidas, área de acondicionamiento y empaque.

Above: Internal view of the solid form production plant, equipping and packaging area.

Esta página:	Lobby principal del Edificio Pharma.
This Page:	*Main lobby of the Pharma Building.*
Arriba:	Vista del comedor de directores.
Above:	*View of directors dining room.*
Derecha:	Vista externa del Edificio de usos múltiples.
Right:	*Outside view of the Multi-purpose Building.*
Páginas siguientes:	Acceso a planta de producción de formas sólidas; a un costado, laboratorio de control de calidad.
Next pages:	*Access to solid form production plant, to one side, the quality control laboratory.*

Boehringer Ingelheim
Promeco

MARIO **ARMELLA**

Edificio Corporativo

del Parque

Corporativo Opción

Edificio Corporativo del Parque, Insurgentes Sur, México, D.F. Proyecto Original *Original Design*: Arq. Leopoldo Gout 1978. Proyecto de Remodelación *Remodelling Design*: Armella Arquitectos 1997-1998. Colaboradores Collaborators: Jorge Rodriguez y Alejandra Valdivia. Fotografía *Photography*: Alberto Moreno Guzmán.

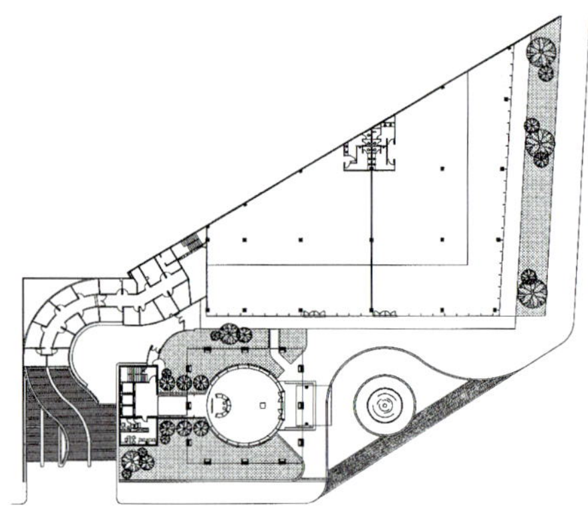

Se buscó aprovechar la plaza como elemento principal de composición.
Una fuente, una marquesina y un nuevo vestíbulo cilíndrico de cristal liberado de la estructura, son los elementos del nuevo eje de acceso a la torre.

The concept was to take advantage of the plaza as principal element of composition.
A fountain, a marquise and a new cilindrical glass lobby liberated from the structure, are the elements of the new access way to the tower.

1106

Arriba: Este vestíbulo queda rodeado por una amplia área jardinada con la que se quiso dar una transición amable entre el bullicio de la ciudad y el acceso a las oficinas.

Above: This lobby is surrounded by a large garden area which is a friendly transition between the hustle of the city and the acces to the offices.

Izquierda: En las fachadas se limpió la manguetería, se manejaron cristales a hueso, logrando un buen aislamiento acústico haciendo lucir la forma estructural del edificio.

Left: On the facades our idea was to enhance the stonework using clean cut glass, achieving good acoustic insulation and emphasizing the structural form of the building.

Centro Corporativo Fondo Opción, San Angel Inn, México, D.F. Proyecto Arquitectónico *Architectural Design*: Arq. Mario Armella y Arq. Armando Hubard 1990-1992.
Colaboradores *Collaborators*: Jorge Rodríguez y Sixto Cruz. Fotografía *Photography*: Alberto Moreno Guzmán.

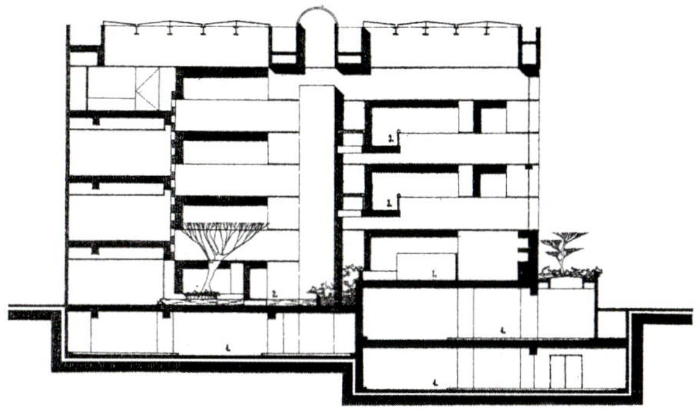

Se desarrolló un edificio en torno a un patio central de triple altura hacia el que miran todos los lugares de trabajo.

The building was developed around a central three story patio faced by all work places.

El patio central consta de dos elementos principales; el primero es una sala de estar en donde se ubica el elevador y que se une directamente al salón de usos múltiples, el segundo es un generoso espejo de agua con tres caídas de agua.

The central patio consists of two main elements: the first is a living room where the elevator is situated and which directly connects to the multi-purpose room, the second is a generous mirror of water with three waterfalls.

C CUBICA

Argenta

Biba

Sushito

Discoteque Argenta, Tecamachalco, Estado de México. Proyecto de Interiores *Interior Design*: C Cúbica.
Fotografía *Photography*: Sebastián Saldívar

Vista de la escalera-bar y vestíbulo de acceso.

View of the stairway-bar and access hallway.

Vistas del vestíbulo de acceso y el bar central.

View of the access hallway and central bar.

Restaurante Biba, Centro Comercial Santa Fe, México, D.F. Proyecto de Interiores *Interior Design*: C Cúbica. Fotografía *Photography*: Sebastián Saldívar

Izquierda: Vista de la cocina abierta y bóvedas de pañuelo.

Left: View of the open kitchen and vaulted ceiling.

Esta página: Fachada del restaurante e integración del espacio interior con el exterior.

This Page: Facade of the restaurant and integration of the inside and outside spaces.

Restaurante Sushi-itto, Altavista, Pabellón Altavista, San Angel, México, D.F. Proyecto de Interiores *Interior Design*: C Cúbica. Fotografía *Photography*: Sebastián Saldívar

Izquierda: Vista de la pagoda sushi-bar.

Left: View of the sushi-bar pagoda.

Esta página: Vista general del restaurante y detalle de mobiliario con materiales.

This page: General view of the restaurant and detail of furniture and materials.

ALBERTO CRESPO / **ARQUITECTUM**

Olimpo

Baita

Ajusco

Torre Olimpo, Jardines de la Montaña, México, D.F. Proyecto Arquitectónico *Architectural Design:* Arq. Alberto Crespo Fotografía *Photography:* Luis Gordoa.

Baita Inmobiliaria, Insurgentes Sur, México, D.F. Proyecto Interiores *Interior Design*: Arq. Alberto Crespo
Fotografía *Photography*: Luis Gordoa

Corporativo Ajusco, Jardines de la Montaña, México, D.F. Proyecto Arquitectónico *Architectural Design:* Arq. Alberto Crespo Fotografía *Photography:* Luis Gordoa.

DE HARO & **ASOCIADOS, ARQUITECTOS**

Corporativo ABAX

Fiesta Americana Reforma

Fiesta Americana Guadalajara

Terrum

Club de Playa Arcano

Fiesta Americana V. C.

Corporativo ABAX, Santa Fe, México, D.F. Proyecto Arquitectónico *Architectural Design*: Fernando de Haro y Jesús Fernández
Fotografía *Photography*: Jordi Farre.

■ **Hoteles Fiesta Americana Cd. de México y Guadalajara, Jal.,** Proyecto de Interiores *Interior Design*: Fernando de Haro, Jesús Fernández y Omar Fuentes Fotografía *Photography*: Sandra Pereznieto.

Esta página: Vista lateral del Salón Terraza y Salas de Juntas.
This page: Lateral view of Salon Terraza and Meeting Rooms.
Página siguiente: Vestíbulo de acceso y lounge de Business Center.
Next page: Access lobby and Business Center lounge.

CYBEX

Exteriores e interiores Fitness Center del hotel.

External and internal views of the Hotel Fitness Center.

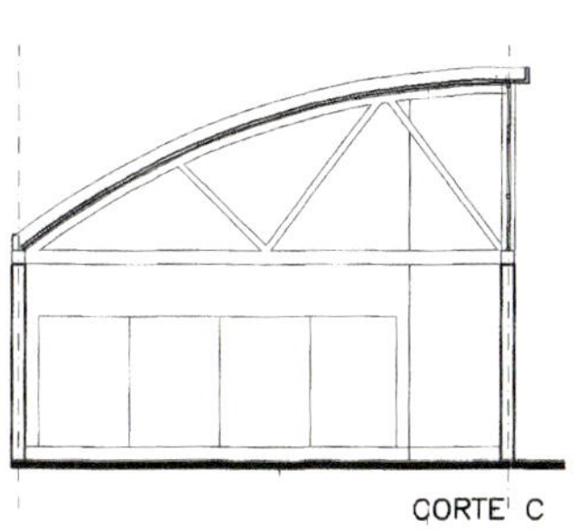

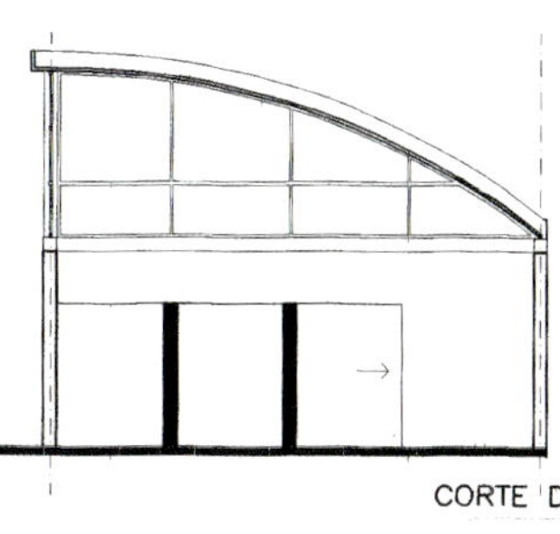

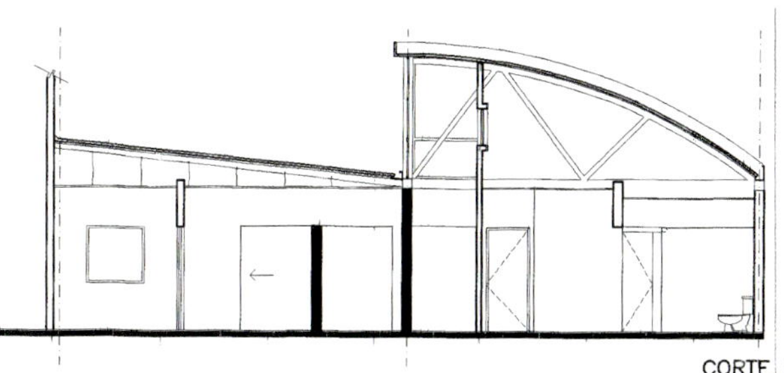

Oficina de Ventas Terrum, Santa Fe, México, D.F. Proyecto Arquitectónico *Architectural Design*: Fernando de Haro, Jesús Fernández Fotografía *Photography*: Lourdes Legorreta.

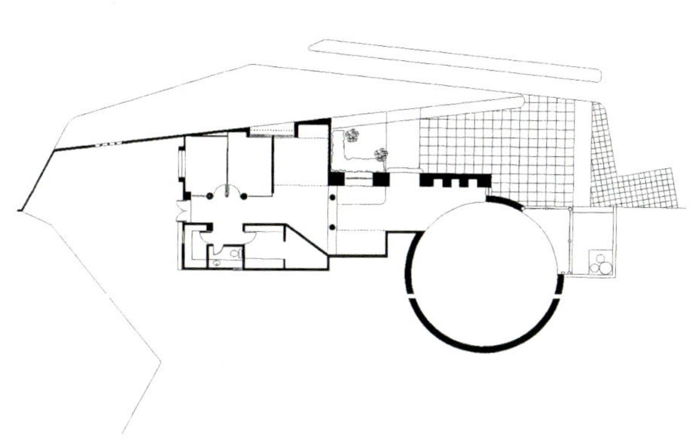

Club de Playa Arcano , "Desarrollo Arcano", Ixtapa, Zihuatanejo, Guerrero, México. Proyecto Arquitectónico *Architectural Design*: Fernando de Haro y Jesús Fernández Proyecto de Interiores *Interior Design*: Fernando de Haro, Jesús Fernández y Omar Fuentes Fotografía *Photography*: Michael Calderwood.

ANTONIO **FARRE**

Adetto

Piu

Restaurante Addetto, Guadalupe Inn, México, D.F. Proyecto Arquitectónico *Architectural Design*: Antonio Farré.
Fotografía *Photography*: Jordi Farré

Restaurante Piu, Villa Coapa, México, D.F. Proyecto Arquitectónico *Architectural Design*: Antonio Farré. Fotografía *Photography*: Jordi Farré

Millenium

Dockers®

Levi's®

Dione

Restaurantes Toks

MaxMara

Millenium Robert´s, Centro Comercial Santa Fe, México D.F. Proyecto Arquitectónico *Architectural Design*: Forma Arquitectos. Fotografía *Photography*: Jordi Farré

Arriba: La fachada limpia y transparente nos invita a recorrer el interior.

Above: The clean and transparent facade invites us to look inside.

Derecha: El metal y la madera del mobiliario crean el orden que representa la totalidad de la armonía.

Right: The metal and wood furniture create the order which represents total harmony.

Proyecto ganador del primer lugar en el concurso "1998 ISP&VM+SD International Store Interior Design Competition"

This project won first prize in the "1998 ISP&VM+SD International Store Interior Design Competition"

Las distintas formas de exhibición aunadas a las figuras, crean un ambiente interesante hacia el cliente.

The different forms of exhibition added to the figures, create an interesting enviroment for the customer.

Dockers®, Plaza Moliere Dos-22, México D.F. Proyecto Arquitectónico *Architectural Design:* Forma Arquitectos. Fotografía *Photography:* Jordi Farré

La imagen visual, lajas y maderas se unifican en este ambiente.

The visual image, slabs and woods are unified in this environment.

Original Levi's® Store, Plaza Moliere Dos-22, Polanco, México D.F. Proyecto de Interiores *Interior Design*: Forma Arquitectos. Fotografía *Photography*: Jordi Farré

La exhibición del producto y los gráficos conducen a los espacios más íntimos de la tienda.

The exhibition of the product and the graphics lead to intimate spaces in the store.

Los materiales y la luz trabajan para crear un ambiente cálido y resaltan el producto.

The materials and lighting work to create a warm atmosphere that emphasizes the product.

Dione, Centro Comercial Perisur, México D.F. Proyecto de Interiores *Interior Design*: Forma Arquitectos. Fotografía *Photography*: Jordi Farré

Ejes de madera e iluminación enmarcan arte y movimiento.

Wooden axis and lighting outline art and movement.

Restaurantes Toks, Varias Ubicaciones, Proyecto Arquitectónico *Architectural Design*: Forma Arquitectos. Fotografía Photography: Jordi Farré

El entorno de un Toks es parte del lenguaje de la tradición y la modernidad que se refleja en su conjunto.

The environment of a Toks restaurant is part of the language of tradition and modernity reflected in its concept.

La simplicidad de la forma es parte de nuestra actualidad.

The simplicity of form is part of our reality.

MaxMara, Mazarik, Polanco, México D.F. Proyecto de Interiores *Interior Design*: Studio Grassi Italia. Coordinación General y Construcción *General Coordination and Construction*: Forma Arquitectos. Fotografía *Photography*: Jordi Farré

La armonía en los acabados crea un ambiente de elegancia y sobriedad.

The harmony of the finishes create an elegant and sober environment.

G R U P O **A R Q U I T E C H**

Caffé-Caffé, Mundo E

Oficinas Grupo Menaba

Hellen's P. Satelite

Caffé-Caffé, Mundo E, Naucalpan, Edo. de México. Proyecto Interiores *Interior Design*: Grupo Arquitech.
Fotografía *Photography*: Luis Gordoa

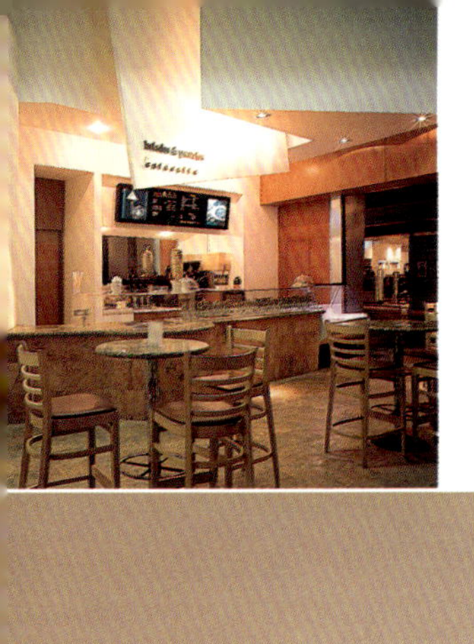

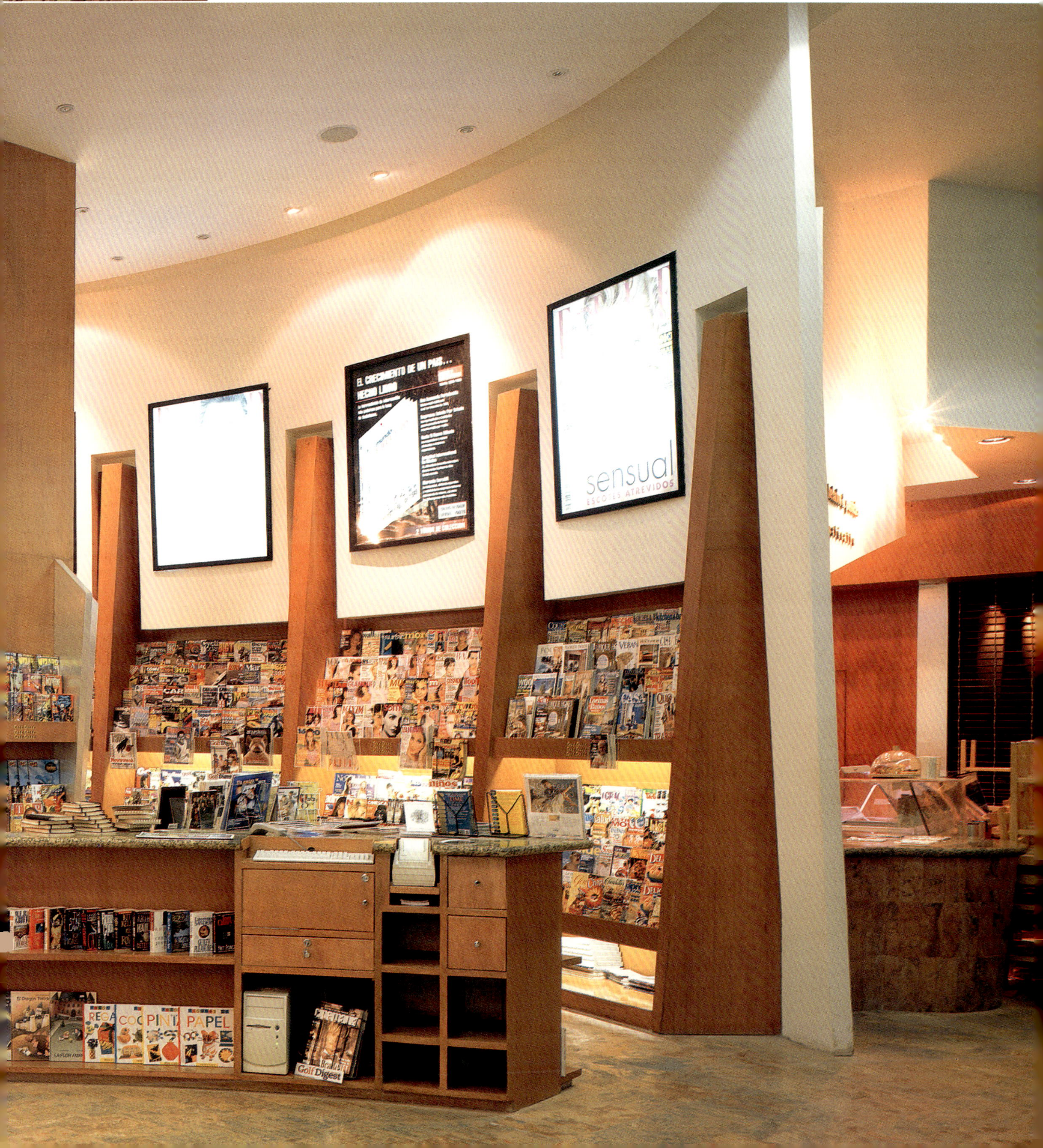
EL CRECIMIENTO DE UN PAIS...
HECHO LIBRO
sensual
ESCOTES ATREVIDOS
Golf Digest

CREPAS DULCES
AZUCAR Y MANTEQUILLA $12.00
MERMELADAS (FRESAS, DURAZNO Y PIÑA) $18.00
CAJETA $18.00
• CAJETA COMBINADA $19.00
NUTELLA $20.00
• NUTELLA COMBINADA $22.00
PHILADELPHIA CON ZARZAMORA $25.00
DURAZNO CON LECHE CONDENSADA $25.00
(BANANA CON ZARZAMORA O FRESA)
• COMBINACIONES
(PLATANO, KIWI, NUEZ Y ZARZAMORA)

CREPAS SALADAS
BAÑADAS AL GUSTO CON UNA RIQUISIMA
SALSA LUTECE GOURMET
DE VENTA A
ALTA COSTURA
GRAN ATLAS
DE CARRETERAS
1998
Ciudad de México
CAFE CAFFE
KOXKA

■ **Restaurante Hellen's,** Centro Comercial Plaza Satélite, Edo. de México. Proyecto de Interiores *Interior Design*: Grupo Arquitech. Fotografía *Photography*: Luis Gordoa

■ **Oficinas Grupo Menaba,** Santa Fe, México, D.F. Proyecto Interiores *Interior Design*: Grupo Arquitech.
Fotografía *Photography*: Luis Gordoa

Santa Fe
MARLENA SPIELER

Santa Fe
Beer Factory

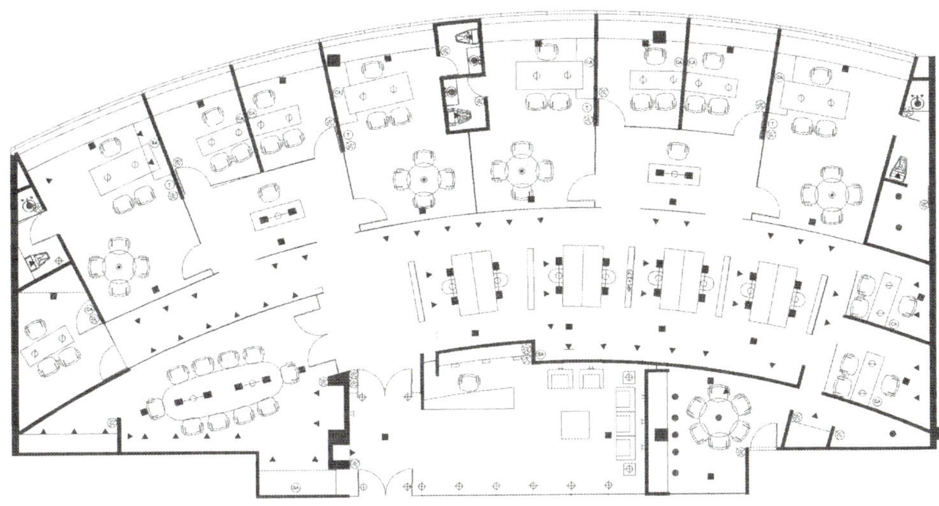

Factory

G R U P O **C E R O**

Hugo Boss Shop, Santa Fé

Boutique Polo Ralph Lauren, Mazarik

Hugo Boss Shop, Centro Comercial Santa Fe, México, D.F. Proyecto Arquitectónico y de Interiores *Architectural and Interior Design*: Design H. Pummer, Grupo Cero, Arq. Alonso Rodríguez M. y Arq. Miguel A. Calanchini. Ejecución *Execution*: Grupo Cero. Fotografía *Photography*: Ricardo Morales G.

La transparencia de la fachada permite una perspectiva general del interior, que agrega una dimensión propia al local, la iluminación de cada área se acentúa sobre el mobiliario haciendolo llamativo a la vista de la gente que deambula por los pasillos.

The transparency of the front allows a general view of the inside, which ads a unique dimension to the store; the lighting emphasizes the fixtures grabbing the attention of the customers walking through the aisles.

El conjunto del local es de una excelsa sobriedad y elegancia, los acabados rematan de una forma ordenada y limpia en esquinas y la ubicación de luces acentúa geométricamente la distribución de mesas como un todo.

The store has a sublime soberness and elegance, the finishes are organized in an orderly and clean fashion and the location of the lights geometrically underlines the distribution of the tables as a whole.

■ **Boutique Polo Ralph Lauren, Mazarik**, Polanco, México D.F. Proyecto Arquitectónico y de Interiores *Architectural and Interior Design*: Polo Ralph LaurenCorporation. Backen Arrigoni & Ross, Inc., Grupo Cero. Decoración *Decoration*: Polo Ralph Lauren Corporation. Ejecución *Execution*: Grupo Cero. Fotografía *Photography*: Ricardo Morales G.

La selección de materiales en interiores y decoración se basa en la imagen desarrollada particularmente con relación al producto exhibido, haciendo de cada habitación una experiencia diferente y única.

The selection of interior and decorative materials is based on the image specifically developed for the exhibited products, making each room a different and unique experience

Collection Classics

La habitación de mayor refinamiento y clase tiene objetos de arte de un sabor inigualable, piezas únicas como el mantel de piedra caliza que flanquea la chimenea.

The room with the most refinement and class has works of art of unparalleled taste, such as the limestone mantelpiece which surrounds the chimney.

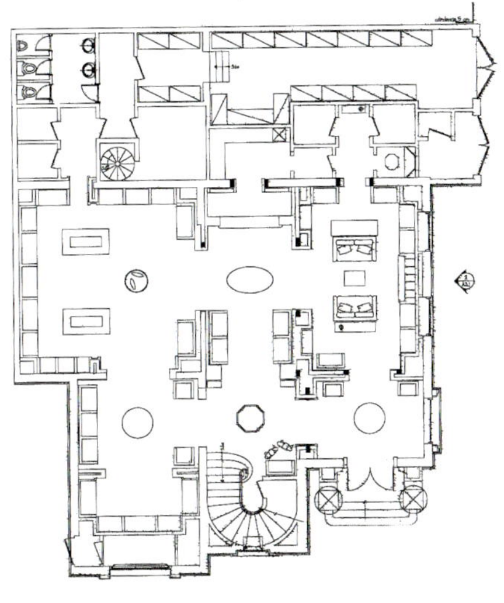

POLO RALPH LAUREN

GUZMAN, BERNARDI / A R T E C H

Viajes Felgueres

Grupo BCG

Oficinas Artech

Anexo Viajes Felgueres, Polanco, México, D.F. Proyecto Arquitectónico *Architectural Design*: Francisco Guzmán Giraud, Alejandro Bernardi, Colaboración *Collaboration*: Beatriz Peschard. Fotografía *Photography*: Sandra Pereznieto

Oficinas Grupo BCG Arcos Bosques, México D.F. Proyecto Interiores *Interior Design*: Francisco Guzmán Giraud, Alejandro Bernardi, Arquitecta Asociada *Associated Architect*: Beatriz Peschard. Fotografía *Photography*: Sandra Pereznieto

CARLOS **HERRERA**

Oficinas en Tacubaya

Oficinas en Tacubaya, México D.F. Proyecto Arquitectónico *Architectural Design*: Arq. Carlos Herrera.
Fotografía *Photography*: Jaime Jacott

Corporativo Peñoles México

Corporativo Peñoles México, Moliere Dos-22, Polanco, México D.F. Proyecto de interiores *Interior Design*: Idea Asociados de México. Fotografía *Photography*: Sandra Pereznieto

Arriba: Site de computo y comunicación.

Above: Computing and communications room.

Derecha: Sala de comité.

Right: Committee room.

Izquierda: Módulo de servicios.

Left: Services module.

Abajo: Vestíbulo de Dirección General.

Below: General Management hall.

Página anterior: Circulación a sala de juntas.

Previous page: Passageway to meeting room.

Arriba: Vestíbulo general Direcciones.

Above: General management hall.

Izquierda: Oficinas generales.

Left: General offices.

Páginas siguientes: Dirección General.

Next pages: General Management office.

DANTE **DI LORENZO, KARIN KINZEL**

Gibert DDB

■ **Gibert DDB,** Col. Anzures, México D.F. Proyecto Arquitectónico *Architectural Design*: Arq. Dante Di Lorenzo y Arq. Karin Kinzel. Colaborador *Collaborator*: Arq. Sergio Marmissolle Fotografía *Photography*: Víctor Benitez

Izquierda y Abajo: Se desarrollaron espacios suficientemente ámplios para permitir la realización de actividades grupales, logrando independencia e interrelación.

Left and Below: ***Sufficiently large spaces were developed to allow group activities, achieving independence and interrelation.***

Página anterior: Este espacio cumple dos funciones: área de esparcimiento y comedor de personal; se destaca por tener personalidad propia.

Previous page: *This space fulfills two functions, relaxation area and staff dining room, it stands out for having its own personality.*

Arriba: Sala de juntas principal donde se percibe un ambiente de sobriedad informal.

Above: *Main meeting room where an atmosphere of informal soberness can be percieved.*

Izquierda: Recepción donde prevalece la limpieza y claridad de formas y funciones.

Left: *Reception, where clean lines and clarity of forms prevail.*

Páginas siguientes: El espacio es seccionado virtualmente por el mobiliario, generando secuencias formales, sin perder de vista la unidad.

Next pages: *The space is virtually sectioned by the furniture, creating formal sequences, without loosing sight of unity.*

Art Directors

Una promoción

JOSE ANTONIO **MADRID**

Konditori

Salamandra

Stoopen

Stoopen Asociados, Colonia Florida, México, D.F. Proyecto Arquitectónico *Architectural Design:* Arq. José Antonio Madrid. Fotografía *Photography:* Paul Czitrom Baus.

Página anterior: Un cancel de madera con vidrio esmerilado divide las salas de espera de la recepción, y la baña con luz natural.

Previous page: Wooden frames with frosted glass divides the waiting room from the reception, and bathes it with natural light.

Derecha: Muros recubiertos con tela de fibra de vidrio texturizada y lambrines de encino trabajan para crear juntos un ambiente cálido dentro de los privados.

Right: Walls covered with texturized fiberglass fabric and oak work together to create a warm environment.

Abajo: La tapicería de muros, muebles y sillas utiliza colores primarios: rojo, azul y amarillo, para contrastar con la madera.

Below: The wallpaper, furniture and chairs use primary colors, red, blue and yellow, to contrast with the wood.

■ **Restaurante Konditori,** Centro Comercial Santa Fe, México, D.F. Proyecto de Interiores *Interior Design*: Arq. José Antonio Madrid. Fotografía *Photography*: Carlos Hanh / Paul Czitrom.

Arriba y Derecha: Lambrines de fresno al natural y entintados en rojo, fueron usados para dar calidez por su textura y contemporaneidad. Vista exterior de la terraza.

Above and Right: Natural and red tainted ash base boards were used to provide warmth due to their texture and modernity. View of the terrace.

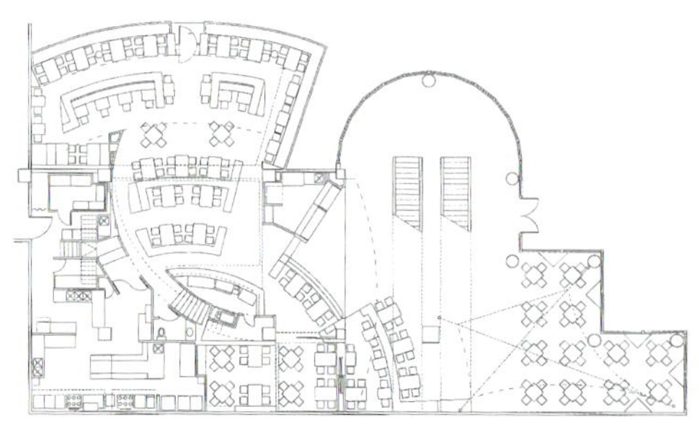

Izquierda y Abajo: Vista de las velarias, que sirven para darle escala a las mesas de la terraza y vista del bar.

Left and Below: View of the sails, which are used to give scale to the terrace tables and a view of the bar.

Salamandra Diseñadores, Colonia Anzures, México, D.F. Proyecto Arquitectónico *Architectural Design*: Arq. José Antonio Madrid. Fotografía *Photography*: Carlos Hahn

Izquierda: Muretes forrados de triplay rematados con soleras de metal oxidado organizan el espacio dentro del área de producción.

Left: Walls made of plywood with rusted metal crossed beams, organize the space in the production area.

Abajo: Vista de acceso y recepción de salamandra diseñadores.

Below: View of reception of salamandra diseñadores.

EMILIO **OCEJO**

Audi

Residencial Country Lomas

Bandasha

Performance Boats

Punto Cero

Tutto Bene

Avemex

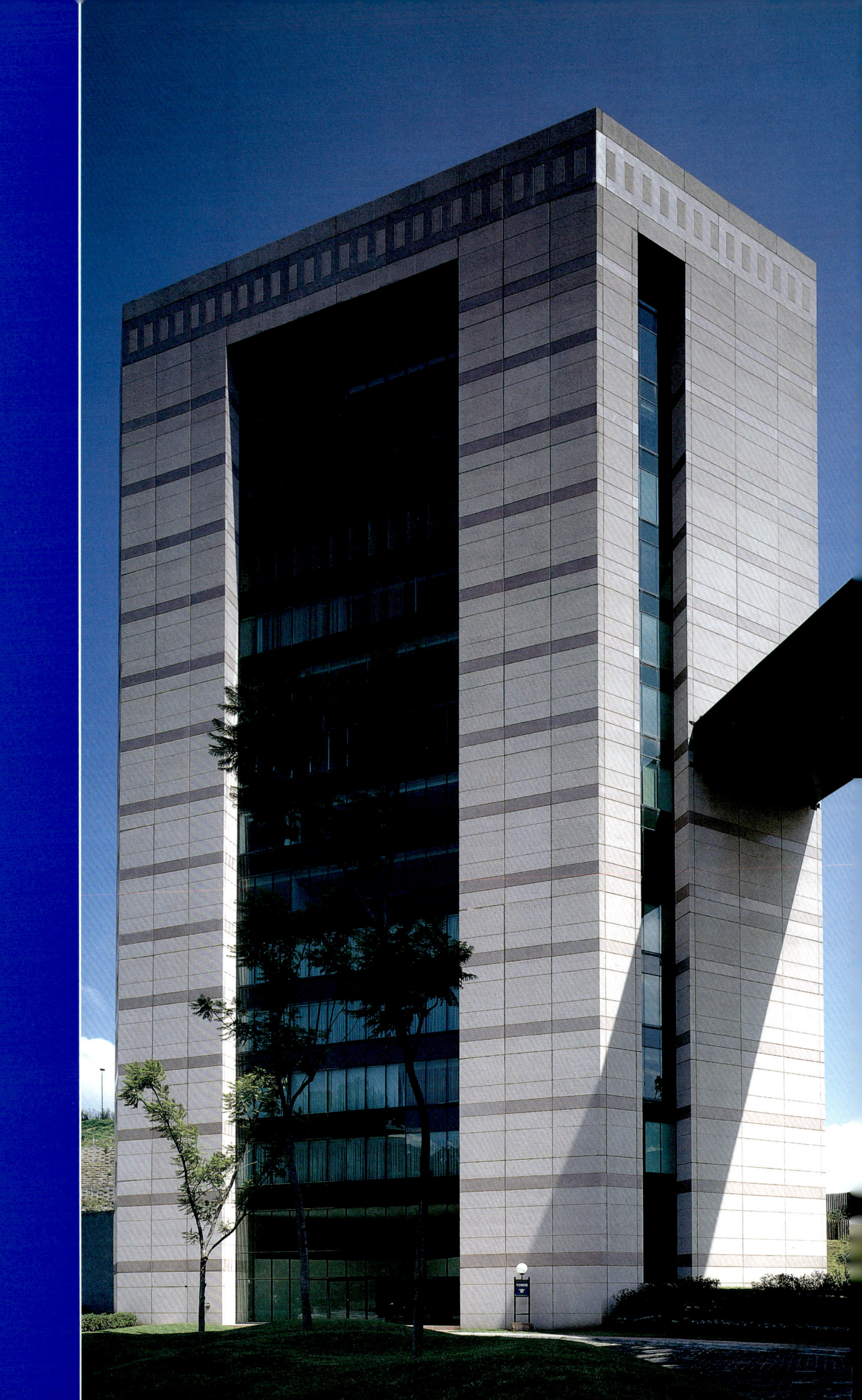

Residencial Country Lomas, México, D.F. Proyecto Arquitectónico *Architectural Design:* Arq. Emilio Ocejo. Fotografía *Photography:* Sandra Pereznieto.

Torres de departamentos unidas por un esbelto puente, donde la combinación de texturas en fachadas a base de precolados de concreto crean un concepto limpio y moderno.

Apartment towers connected by a slim bridge where the combination of facade textures based on concrete precasts create a clean and modern concept.

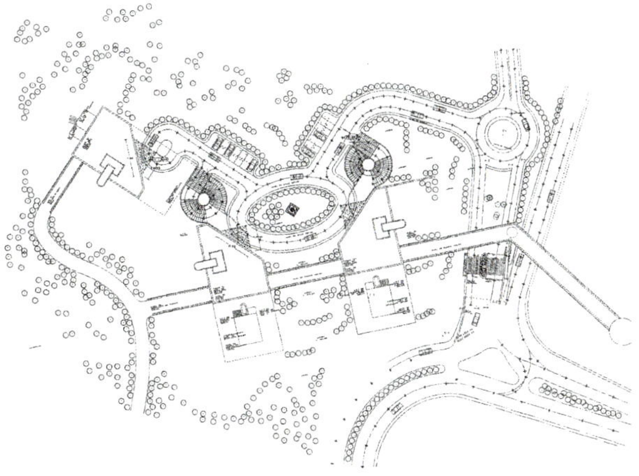

Restaurante Tutto Bene, Centro Comercial Pabellón Polanco, México, D.F. Proyecto de Interiores *Interior Design*: Arq. Emilio Ocejo. Fotografía *Photography*: Sandra Pereznieto.

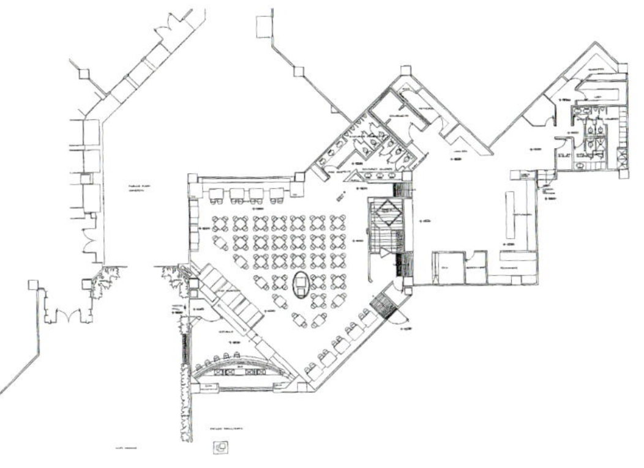

Area de restaurante donde el bar se integra de forma armónica con la zona de comensales.

Restaurant space where the bar is harmonically integrated with the dining area.

Restaurante Punto Cero, Centro Comercial Plaza Bosques, México D.F. Proyecto de Interiores *Interior Design*: Arq. Emilio Ocejo. Fotografía *Photography*: Sandra Pereznieto.

El concepto del restaurante se basa en un estilo contemporáneo y ecléctico donde la combinación de luz artificial y velas crean ambientes únicos.

The restaurant concept is based in a contemporany and eclectic style where the combination of candles and electrical light create unique atmospheres.

DIRECTORIO / *DIRECTORY*

A l c o

GUILLERMO ALMAZAN C.
GERARDO VARELA E.
JUAN ANTONIO ENCINAS S.

A lo largo de más de diez años, grupo ALCO, ha logrado reunir una vasta experiencia en el proyecto y construcción de áreas farmacéuticas, donde lo más importante es lograr la eficiencia con la mayor belleza arquitectónica.

La clave radica en el uso racional del espacio y el aprovechamiento de las condiciones del terreno a fin de alternar las áreas de trabajo con las de traslado y de recepción, los jardines y los espacios de recreación, creando un ambiente agradable en un conjunto armónico.

Over more than ten years, group ALCO has been able to gain a vast amount of experience in the planning and construction of pharmaceutical areas, where the most important aspect is to achieve efficiency with the greatest possible architectural beauty.

The key lays in the rational use of space and the exploitation of the conditions of the land in order to alternate the work areas with the transference and reception areas, gardens and recreational spaces, creating a pleasant atmosphere forming a harmonic whole.

Independencia No. 106, Col. San Nicolás Totolapan, México, D.F. 10900, E-mail: gpoalco@df1.telmex.net.mx, Tel: 5630 2518, 5630 1383, 5645 4006 Fax: 5630 2768

Mario Armella

Desde 1950 construye casas y edificios de departamentos y oficinas, en la ciudad de México y en diferentes estados, para clientes particulares, colaborando con grandes compañías o con organismos gubernamentales.

Sus obras proyectan una imagen contemporánea pero conservan raíces mexicanas en los materiales y técnicas constructivas. Su arquitectura huye de la obviedad y espera ser descubierta poco a poco, al recorrerla y vivirla. Siempre reserva sorpresas y contrastes. En cada espacio se respira una atmósfera de intimidad y de respeto por la vida privada de sus moradores.

Since 1950 Mario Armella has been dedicated to building homes, and apartment and office buildings in Mexico City as well as in several states of Mexico for private clients, collaborating with large companies or government entities.

His works project a contemporary image, but conserve Mexican roots in the materials and building techniques. His architecture escapes from obviousness and waits to be discovered gradually by passing through it and living it. He always has surprises and contrasts reserved. Each space breathes an atmosphere of intimacy and respect for the privacy of its dwellers.

Av. Revolución 1909-10 San Angel, México, D.F. 01090, E-mail: armella@arquitectura.com.mx, Tel: 5550 0292, 5550 0549 y 616 4108.

C Cúbica

Andrea Césarman, Emilio Cabrero y Marco Coello integran ingeniosamente, con la inicial de sus apellidos, el Grupo C Cúbica Arquitectos, dedicado a crear ambientes y a proponer estilos y texturas.

Su estilo es vanguardista y funcional y tiene como punto de arranque las necesidades del cliente. El ambiente que logran es el resultado de un manejo racional y práctico de los materiales de construcción, de los acabados y de la combinación de las texturas, con el claro propósito de crear una imagen que confiera a cada espacio arquitectónico una personalidad y una identidad propias.

Using the first letter of their last names, Andrea Césarman, Emilio Cabrero and Marco Coello founded Grupo C Cúbica Arquitectos, a firm dedicated to meeting needs, creating environments, proposing styles and textures.

This style is avant garde and functional, and sustains the client's needs as its starting point. The environment is the result of a rational and practical management of the building materials, finishes and combinations of textures, in order to create an image that gives each architectural space its own personality and identity.

Ahuehuetes Norte 60, Bosques de las Lomas, México, D.F. 11700, E-mail: cubica@infosel.net.mx, Tel: 5596 0447, Fax: 5251 6938

Alberto Crespo / Arquitectum

Alberto Crespo Huerta es egresado de la Universidad Nacional Autónoma de México, de la que también ha sido profesor en los talleres de proyecto.

Su arquitectura se basa en la concepción de espacios abiertos, muy iluminados y en armonía con los colores y la textura de los materiales. El análisis del exterior es fundamental para lograr una adecuada conjunción de los elementos, sin perder de vista el cuidado de los detalles y la perfección de los acabados, la observación de estos principios siempre le permiten encontrar el equilibrio entre sus obras y el entorno.

Ha cultivado diversos géneros pero principalmente residencias, edificios corporativos, departamentos de vivienda media y residencial y arquitectura de interiores.

Alberto Crespo Huerta graduated from the Universidad Nacional Autonoma de Mexico where he has also been professor in the project workshops.

His architecture is based on a concept of open spaces, with much lighting and in harmony with the colors and texture of the materials. An analysis of the exterior is fundamental for an adequate conjunction of elements, while also taking care of details and perfection in finishes. Observing these principles always permits him an equilibrium between his work and the environment.

He has developed several forms of architecture, however these are mostly residences, corporate buildings, average and residential apartments, and interior architecture.

Av. San Jerónimo 240-7, Pedregal de San Angel, México, D.F. 01900, E-mail: arquitectum@compuserve.com.mx, Tel: 5616 0388, 5616 4792 Fax: 5616 2086

De Haro & Asociados, Arquitectos

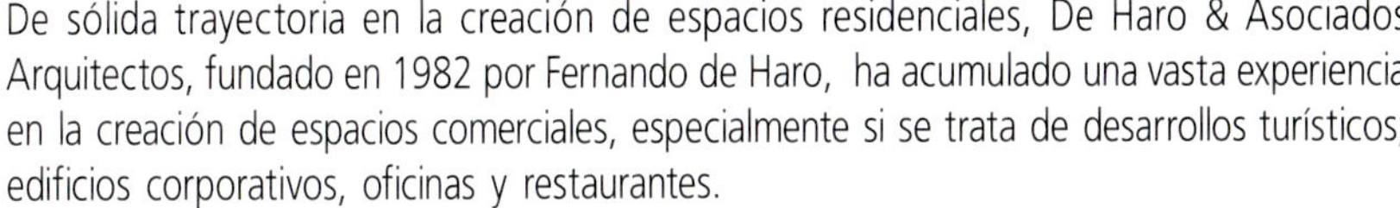

De sólida trayectoria en la creación de espacios residenciales, De Haro & Asociados Arquitectos, fundado en 1982 por Fernando de Haro, ha acumulado una vasta experiencia en la creación de espacios comerciales, especialmente si se trata de desarrollos turísticos, edificios corporativos, oficinas y restaurantes.

Las obras producidas por el despacho de Fernando de Haro y Jesús Fernández, al que recientemente se ha incorporado Omar Fuentes, tienen el propósito de crear espacios funcionales y atractivos, con identidad propia, y surgen del respeto a las necesidades del usuario mediante soluciones arquitectónicas de buen gusto y un cuidado meticuloso de los detalles. La imagen contemporánea y el estilo, se logran a través de las texturas, el color y la elección de recubrimientos.

With a solid background in the creation of residential spaces, De Haro & Asociados Arquitectos, founded in 1982 by Fernando de Haro, has accumulated a vast experience in the creation of commercial spaces, especially in the case of tourist developments, corporate buildings, offices and restaurants.

The works produced by this firm belonging to Fernando de Haro and Jesus Fernandez, recently joined by Omar Fuentes, have the aim of creating functional and attractive spaces, with their own identity, and arising from the respect of the needs of the user through architectural solutions with good taste and a meticulous attention to detail. The contemporary image and the style are achieved through the use of textures, color and choice of finishes.

Montes Urales Sur 785, Lomas de Chapultepec, México, D.F. 11000
E mail: abax@df1.telmex.net.mx, Tel: 5540 5758, 5520 8204, Fax: 5202 5628

A n t o n i o   F a r r é

Antonio Farré es egresado de la carrera de arquitectura de la Universidad Iberoamericana. Inició su actividad profesional en 1988 con proyectos de ampliación y remodelación de casas habitación, de tipo residencial, así como en la construcción de departamentos, fraccionamientos y casas de descanso, en diversos lugares de la República Mexicana. En 1992 incorporó a su actividad proyectos de remodelación de oficinas, tiendas de decoración y boutiques. Posteriormente, junto con Aurelio Alvarez, comenzó a incursionar, con éxito notable, en el campo del diseño y construcción de restaurantes. En 1989 fundó el despacho Contemporáneo Arq's, cuyo estilo, basado en la fuerza de la sencillez, descansa en la premisa de comprender y equilibrar el concepto de que, en muchas ocasiones, menos significa más.

Antonio Farré graduated from the school of Architecture of Universidad Iberoamericana. He began his professional activities in 1988 with designs to expand and remodel residential homes, as well as build apartments, developments and rest homes in different areas of Mexico. In 1992 he incorporated remodeling designs for office spaces, decoration establishments and boutiques to his activities. Later, together with Aurelio Alvarez, he began working, - where he achieved notable success -, in the field of design and construction of restaurants. In 1989 he founded Contemporáneo Arq's, where the style, based on the force of simplicity, rests on the premise of understanding and balancing the concept which quite often, means more.

Aureliano Rivera 70, Tizapán de San Angel, México, D.F. 01000, Tel: 5595 5074, Fax: 5638 1326

Forma Arquitectos

Esta firma, fundada en 1987, está integrada por los arquitectos Eduardo Avalos, Miguel de Llano y José Segués, se especializa en el diseño y construcción de espacios residenciales y comerciales.

Dentro de la Arquitectura Comercial, goza de amplio reconocimiento al ofrecer servicios múltiples, desde crear un nuevo concepto arquitectónico para una marca, el estudio de mercadeo, ubicación, imagen visual, iluminación, fachada, interiores y mobiliario en general. Con frecuencia extiende sus servicios a la adaptación de proyectos extranjeros a las condiciones y reglamentaciones de nuestro país, así como a la realización de nuevos proyectos a partir de una imagen existente.

Su trabajo ha sido reconocido internacionalmente, habiendo obtenido el primer lugar en el concurso "1998 INTERNATIONAL STORE INTERIOR DESIGN COMPETITION"

Founded in 1987, the firm is integrated by Eduardo Avalos, Miguel de Llano and José Segués, and specializes in designing and building residential and commercial spaces.

It is widely recognized in Commercial Architecture as it offers multiple services, starting from the creation of a new architectural concept for a brand, analysis of marketing, location, visual image, lighting, facade, interiors and furniture in general. It frequently extends its services to adapting foreign projects to the conditions and regulations of our country, and developing new projects based on an existing image.

Its work has been recognized internationally and received the top award in the "1998 INTERNATIONAL STORE INTERIOR DESIGN COMPETITION".

Río Tiber 39, Cuauhtémoc, México, D.F. 06500, E mail: forma@dsi.com.mx, http://www.forma.com.mx, Tel: 5208 6088, 5208 6539, Fax: 5533 0543

Grupo Arquitech

JOSE LUIS QUIROZ
JUAN JOSE SANCHEZ- AEDO

Ambos son egresados y profesores de la Universidad Iberoamericana. Han recibido galardones de instituciones como la National Retail & Merchandise Association o premios como el de la Intercontinental Store Design Competition.

Poseen una vasta experiencia de 15 años en el proyecto de casas, edificios corporativos, centros comerciales, oficinas, restaurantes e interiores de tiendas. Aquí su trabajo se caracteriza por la búsqueda de soluciones prácticas, de acuerdo con las condiciones del local, creando espacios - sin alterar la arquitectura original - que faciliten la circulación, aprovechando áreas disponibles y elementos estructurales.

Both graduated from the Universidad Iberoamericana and currently teach in that institution. They have recieved awards from organizations such as the National Retail & Merchandising Association and won prices such as the Intercontinental Store Design Competition.

They both have more than 15 years of experience, covering projects for houses,corporate offices, shopping malls, offices, restaurants and store interiors. Their work is characterized by the search of practical solutions, according to the conditions of the premises, creating spaces - without altering the original arquitecture - which facilitate the circulation of shoppers, exploiting available areas and structural elements.

Blvd. A. López Mateos 597-4, Ampliación Daniel Garza, México, D.F. 11830 E mail: arqtcjsa@dfl.telmex.net.mx http://www.grupoarquitech.com, Tel: 5277 1322, 5272 0610, Fax: 5515 9420

Grupo Cero Proyectos y Construcciones

ALONSO RODRIGUEZ M.
MIGUEL ANGEL CALANCHINI

Grupo Cero es una de las firmas más jóvenes del medio del diseño arquitectónico, siempre en busca de la excelencia y la más alta calidad en la ejecución de sus proyectos.

El propósito es fusionar tendencias arquitectónicas diferentes para proporcionar un espacio funcional con un alto valor estético. Cada proyecto es una solución única; un trabajo que parte de la observación del entorno y el ambiente externo, haciendo que el estilo de la obra se apegue más a la ideología de cada cliente que a un estilo particular.

Grupo Cero is one of the youngest firm in the architectural design field, always in the search for excellence and the very highest quality in the execution of its projects.

The aim is to merge different architectural tendencies in order to provide a functional space with a high aesthetic value. Each project is a unique solution; a job which starts with the observation of the surroundings and external environment, making the style of the work abide more by the ideology of each client than by a specific style.

Av. Colonia del Valle 511-3, Del Valle, México, D.F. 03100 E mail: ceroproyectos@infosel.net.mx, Tel: 5687 7965, Fax: 5682 2248

A r t e c h

FRANCISCO GUZMAN
ALEJANDRO BERNARDI

En cada una de las obras de la mancuerna Francisco Guzmán y Alejandro Bernardi, se confirma el grado de especialización que han logrado también en el género de la arquitectura comercial, a la que incorporan su propio estilo que consiste en la creación de espacios donde lo más importante es la comodidad, sin menoscabo de la funcionalidad.

En la solución de los espacios comerciales que crea este grupo, predomina la transparencia. La luz acentúa la sobriedad de la arquitectura. El efecto lumínico, translúcido, que contribuye a crear un grato ambiente de trabajo, tanto en áreas muy privadas como en zonas más abiertas, se logra mediante el uso, entre otros recursos, de pantallas de cristal mate, que en otras ocasiones suelen desempeñar también la función de elemento arquitectónico de remate.

Each work produced by the association formed by Francisco Guzmán and Alejandro Bernardi confirms the level of specialization which they have also achieved in the field of commercial architecture, where they incorporate their own style of creating spaces with comfort as the most important element, however without overlooking functionality.

Transparency is a predominant factor in the solution of the commercial spaces created by this group. Light accentuates the sobriety of the architecture. The luminous, translucent effect that contributes to create a pleasant work environment, both in very private areas and more open areas, is achieved with, among other resources, dull glass screens, that sometimes also tend to work as a finishing architectural element.

Arteaga y Salazar 1353,Contadero, México, D.F. 05500, Tel: 5813 9208, 5813 4939, Fax: 5812 4938

C a r l o s   H e r r e r a

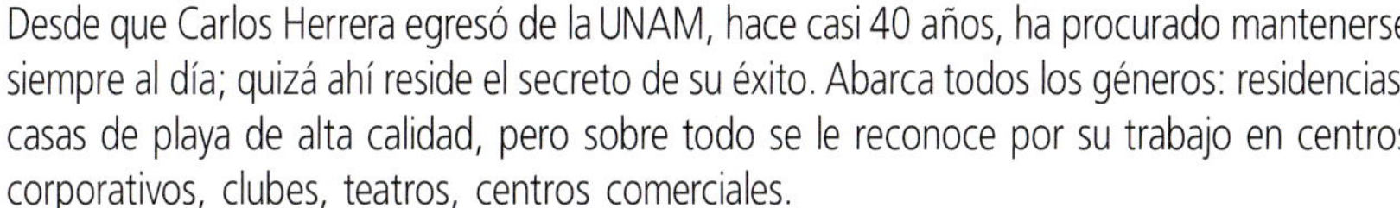

Desde que Carlos Herrera egresó de la UNAM, hace casi 40 años, ha procurado mantenerse siempre al día; quizá ahí reside el secreto de su éxito. Abarca todos los géneros: residencias, casas de playa de alta calidad, pero sobre todo se le reconoce por su trabajo en centros corporativos, clubes, teatros, centros comerciales.

En este ámbito se le distingue por la generosidad y simplicidad de los espacios, por la correcta funcionalidad e interrelación entre cada uno de ellos y por un total aprovechamiento del terreno y sus cualidades.

Since Carlos Herrera graduated from the UNAM almost 40 years ago, he has always tried to keep up to date; maybe that is the secret to his success. He covers all genders: residencies, top quality beach houses, but above all he is recognized for his work in corporate centers, clubs, theaters and shopping malls.

In this environment, his work stands out due to the generosity and simplicity of the spaces, the correct functionality and interrelation between each one of them and due to the optimum use of the land and its qualities.

Gobernador Covarrubias 46, San Miguel Chapultepec, México, D.F. 11850, E mail: charqs@internet. com.mx, Tel: 5272 0444, Fax: 5271 7187

Idea Asociados de México

Esta firma, fundada hace 30 años por Daniel Camhi Montekio, Jorge Alvarez Ruezga y Agustín Caso Bercht, y a la que se incorporó recientemente Agustín Caso Bringas, se especializa en el diseño y planeación de arquitectura e interiores de hoteles y oficinas corporativas.

Su concepto de diseño parte del conocimiento e interpretación de las necesidades del cliente y del respeto de la imagen institucional, e incluso del uso de los materiales característicos de cada empresa.

Procuran la armonía entre eficiencia y estética en beneficio de la comodidad de los huéspedes, visitantes y empleados.

This firm, founded 30 years ago by Daniel Camhi Montekio, Jorge Alvarez Ruezga, Agustín Caso Bercht, and recently joined by Agustín Caso Bringas, specializes in designing and planning architecture of hotels and corporate offices.

Its design concept is based on a knowledge and interpretation of the client's needs and a respect for the institutional image, and even for the use of the materials that characterize each company.

They favor a harmony between efficiency and aethetics, in benefit of the comfort of the guests, visitors and employees.

Av. San Jerónimo 240-2, Jardines del Pedregal, México, D.F. 01900 E mail: ideaarqsmex@compuserve.com.mx, Tel: 5550 0800, 5550 0599, Fax: 5616 1675

Dante Di Lorenzo
Karin Kinzel

El despacho de los arquitectos Di Lorenzo y Kinzel se especializa en el diseño y ejecución de arquitectura interior. En su estilo los espacios de oficinas, restaurantes, tiendas y casas habitación se resuelven con soluciones integrales.

Con la convicción de que cada cliente requiere una imagen propia y diferenciada, proponen un lenguaje exclusivo en cada proyecto tendiente a concretar físicamente esta idea.

Su filosofía de trabajo está basada en la búsqueda de respuestas funcionales y formales, adecuadas a las actividades específicas de cada cliente, ya sean comerciales o particulares, aunando los conceptos del diseño arquitectónico con mercadotecnia y publicidad en lo comercial y con confort y distinción en lo personal.

The DiLorenzo and Kinzel architects firm specializes in designing and executing interior architecture. In their style spaces intended for offices, restaurants, business establishments and homes, which are resolved with integral solutions.

With the conviction that every client needs a private and differentiating image, they propose an exclusive language in each project, which tends to physically manifest this idea.

Their work philosophy is based on a search for functional and formal answers, adequate to the specific activities of each client, whether commercial or private, combining concepts of architectural design with marketing and advertising in commercial projects, and comfort and distinction in personal assignments.

Mexico D.F. Tel: 5501 2284

José Antonio Madrid

José Antonio Madrid, egresado de la Universidad Iberoamericana, emplea esquemas y soluciones contemporáneas que se manifiestan a través de espacios minimalistas utilizando retículas radiales y ortogonales, con una preocupación constante en detalles y remates. Destaca la función dominante de la luz, tanto natural como artificial, que subraya y contrasta la textura de los materiales. Una gama estética que va desde el modernismo de Le Corbusier hasta el minimalismo de Kishi.

Como respuesta a las necesidades actuales, en su arquitectura conviven madera, piedra, vidrio y acero de texturas lisas producto de un proceso industrial, con colores cálidos representativos de nuestra cultura y clima.

José Antonio Madrid, a graduate of Universidad Iberoamericana, resorts to contemporary schemes and solutions which are manifested in minimalist spaces, using radial and orthogonal reticles, with a constant concern for details and crests. He emphasizes on the dominant function of light, both natural as artificial, that marks and contrasts the texture of the materials. An aesthetic variety that runs from modernism of Le Corbusier, as far as the minimalism of Kishi.

As an answer to present needs, his has a cohabitation of wood, stone, glass and steel of smooth textures, the result of an industrial process, with warm colors that represent our culture and climate.

Darwin 18-2, Anzures, México, D.F. 11590 E mail: salamandra@spin.com.mx,
Tel. y Fax: 5254 4001, 5531 9636, Fax: 5531 6527

Emilio Ocejo

Emilio Ocejo fundó, en 1988, el despacho Ocejo Arquitectos, en el que también participan Joaquín Capetillo y Cristina Cordera, con el propósito de cultivar todos los campos de la arquitectura, pero una de sus especialidades más notorias es el diseño, construcción y adaptación de espacios comerciales: oficinas ejecutivas, plazas comerciales, restaurantes, cafeterías, bares.

Una de las caracterísaticas del grupo es que seleccionan los materiales de acuerdo con las necesidades del cliente y las condiciones del sitio, pero muestran cierta inclinación por el uso de diferentes tipos de madera, acero trabajado en formas distintas, mármoles y pastas ligeras en los acabados. El toque de originalidad y buen gusto descansa en las formas, los colores y las texturas.

Emilio Ocejo founded the firm Ocejo Arquitectos in 1988, in which Joaquin Capetillo and Cristina Cordera also work, with the aim of covering every field of architecture, but one of its most notable specialties is the design, construction and adaptation of commercial spaces: executive offices, shopping malls, restaurants, cafes, and bars.

One of the group's characteristics is that they choose materials according to the needs of the client and the conditions of the site, but demonstrate a certain inclination towards the use of different types of wood, steel worked in different ways, marbles and light pastes for finishes. The touch of originality and good taste are reflected in the forms, colors and textures utilized.

Gobernador Francisco Fagoaga 36, San Miguel Chapultepec, México, D.F. 11850, E mail: ocemex@data.net.mx, Tel: 5271 1208, 5281 5722, Fax: 5272 2323

Se terminó de imprimir en el mes de Noviembre de 1999 en los talleres de Reproducciones Fotomecánicas, S.A. de C.V., Democracias #116, Col. San Miguel Amantla, Azcapotzalco, México, D.F., 02700.
Su formación se llevó a cabo con el programa PageMaker 6.5 de Macintosh, utilizando tipografía Frutiger.
Está impreso en prensa plana.
El cuidado de la edición estuvo a cargo de Javier Bravo, Omar Fuentes Elizondo y Mónica Escalante.
Esta Segunda edición consta de 4.000 Ejemplares.